Für jene, die mir wichtig sind.

Dago Berlin

Spiel der Könige

Gedichte -
ernst und heiter

Bibliografische Information der Deutschen Bibliothek:

Die Deutsche Bibliothek verzeichnet diese Publikation in der Deutschen Nationalbibliografie; detaillierte bibliografische Daten sind im Internet über http://dnb.dnb.de abrufbar.

Herstellung und Verlag: BoD – Books on Demand, Norderstedt

ISBN: 978-3-837000733

Mein Gedicht -
Die Tür,
Das Haus.
Nehmt
Den Schlüssel!

Inhalt

Das Jahr

Neujahr

Der Tag in der Tür,
Frostig blau.
Du neben mir.

Das Jahr -
Unser Kind,
Noch ganz zart
Wie leichter Wind.

Winter

Schnee lastet auf mir.
Haut ist gefroren.
Meine Seele auch.

Hoffnung zerbricht
Wie ein Zweig.

Frühling, komm
Und tau mir
Das Herz auf!

Spaziergang

Kälte zwickt die Ohren,
Alt und grau der Schnee.
Frühling schläft noch immer,
Dieser Herr in spe.

Weiden seh'n ins Leere,
Fast gedankenlos,
Wirken auch im Sonnenlicht
Ärmlich, frierend, bloß.

Gras stöhnt leicht im Winde,
Beugt sich meinem Fuß.
Eilig fliegt die Nacht heran,
Winkt mir einen Gruß.

Erwachen

Wenn der Nebel
Von der Sonne
Jäh zerstäubt wird.

Wenn das Dunkel
Weicht zurück
Und wird ganz klein.

Wenn die Berge
In den Spitzen
Golden scheinen,

Stimm ich in
Das frühe Lied
Des Tages ein.

Erinnern

Lieg ich
unterm Baum
Und denke
An die Zeit
Mit dir,

Erinnern selbst
Vom letzen Jahr
Die Blätter sich.

Nachklang

Eine Traurigkeit
Wohnt in uns
Vom Sommer.

Alles ist verändert
Und doch geblieben.

Wir nehmen Abschied
Von den hellen Tagen.

Oktober

Herbstgedanken sind in mir
Und ich geh durchs Feld.
Blätter fallen ab vom Baum,
Werden braun und gelb.

Still ist es schon um den See,
Luft so klar wie Glas.
In der Seele aber klingt
Leise irgendwas.

Laubfall

Willkommen, bunte Blätter
Im fahlen Morgenlicht!
Bei jedem Wind und Wetter
Schau ich euch ins Gesicht.

In braun und gelben Farben
Hängt ihr am müden Baum.
Vorbei die Zeit der Garben.
Vorbei der Sommertraum.

Die letzten Winde wandern
In das Geäst hinein.
Und ein Blatt fällt dem andern
Welk-traurig hinterdrein.

Gespräch der Bäume

Das ganze Jahr erzählen sie,
Die Bäume vor dem Haus.
Vom Frühling an, wenn erstes Grün
Streckt seine Fühler aus.

Der Sommerwind mit sanfter Art
Streicht über sie hinweg,
Bevor der Herbst mit Farben tupft,
Die später Schnee bedeckt.

Dann stehn die Bäume starr und kalt
Im faulen Winterlaub.
Und ihr Geflüster ist so leis,
Als sein sie stumm und taub.

November

Die Wolken tragen
Nasse Hosen.

Die Bäume tragen
Schuhe aus Laub.

Die Menschen tragen
Dicke Socken.

Sie wollen nur
Zu Hause hocken.

Sauna

Seht mich,
Sitzend zwischen
Groß und klein,
Dick und dünn -
Mittendrin.

Mit dem Schweiß,
Der da heiß
Von der Stirne rinnt,
Fliehen meine Sorgen
Wie bei einem Kind.

Silvester

Das Jahr räumt auf
Mit altem Plunder,
Geht ins Gericht
Mit allen Tagen.

Nicht viel bleibt uns
In diesen Stunden.
Es fährt die Zeit
Im schnellen Wagen.

Wasser und Feuer

Wasser und Feuer

Meere trinken aus den Flüssen,
Flüsse aus den Bächen.
Alle Wasser treffen sich,
Finden und vermählen sich.
Alle Wasser...

Sonne schwimmt auf grünen Wellen.
Wind kommt auf am Morgen.
Und wir schauen ins helle Licht.
Suchen, was der Tag verspricht.
Wind und Wellen...

Flammen legen sich aufs Meer,
Brennen, lodern, so wie wir.
Wasser, Feuer ringsumher,
Alles brennt genau wie wir:
Wie ein Feuer.

Wir gehen in den Abend

Wir gehen in den Abend
Und sehen, wie die Erde
Den letzten Becher Licht
Aus müder Sonne trinkt
Und dann in Schweigen sinkt.

Noch hält der Tag mit uns
Für eine Weile Rast.
Doch schon verstummt sein Lied,
Das nun der Dämm'rung weicht,
Die Baum und Strauch erreicht.

Wir flüstern nur noch leise.
Der Abend dehnt sich aus,
Streut lange Schatten hin
Und webt ein Nachtgewand.
Er nimmt uns bei der Hand.

Komm zu mir!

Komm heut zu mir,
Wenn sich die Sonne neigt.
Komm in mein Haus,
Wenn dunkles Rot sich
Auf den Wiesen zeigt.

Komm heut zu mir,
In mein Gesicht zu sehn.
Halte mich fest
Und sag nichts.
Ich werde dich versteh'n.

Dann wiegt die Nacht
Uns in den Schlaf hinein.
Ein leiser Wind
Umgibt das Haus
Und lässt uns ruhig sein.

Fremde Stadt

Graue Nebelfetzen
Über nassen Straßen.
Alle Poesie
Hat die Stadt verlassen.

Leere Steinfassaden
Gähnen in die Runde.
Nein, in diesen Mauern
Bleib ich keine Stunde.

Asyl

Menschenleer ist unsre Stadt.
Über regennasse Straßen
Treibt der Wind ein welkes Blatt.

Klamm und kalt wird jede Hand.
Selbst die Steine frieren heute.
Ewig grau ist ihr Gewand.

Diese finstre Regennacht
Hängt tiefschwarz vor deinem Haus.
Drüben die Laterne wacht.

Mag auch wüst das Wetter sein,
Ich vergess die kalten Füße
Gleich in deinem Kämmerlein.

Wütend heult der Sturm umher,
Bis ins Ofenrohr hinein.
Mir wird herrlich warm bei dir.

Was ich suche

Ein Stück Abendrot zu sehen,
Heb ich mein Gesicht.
Groß und schweigend liegt die Stadt.
Was ich suche, zeigt sie nicht.

Ein Glas Freundlichkeit zu trinken,
Geh ich in die Bar.
Gin und Whisky stehen dort.
Was ich suche, ist nicht da.

Einen Augenblick zu ruhen,
Komme ich zu dir.
Abendrot und Freundlichkeit;
Was ich suche, find ich hier.

Ein Mädchen

Steht sie vor ihm
Mit scheuem Blick,
Den Kopf geneigt,
Ist er entzückt.

Den Kopf gesenkt
Und leise lächelnd
Geht sie vorbei,
Wenn sie ihn sieht.

Sie ist verliebt.

Frau im Wind

Ins lange Haar
Wirft sich der Wind,
Küsst deinen Scheitel.

Dort stehend,
Gleichst du
der Gerte -

Biegsam und fest,
Fügsam und stolz.

Frage

Ein See
Liegt ruhig und klar.

Sein Wasser
Birgt viel Leben,

Ist messbar,
Flach und tief.

Wer kennt
Des Menschen Tiefe?

Entdeckungen

Erkenntnis

Ein Blatt
Schwimmt im Weiher.
Die Sonne
Läuft darüber.

Der Schatten
Auf dem seichten Grund
Segelt mit dem Blatt,
Das jeder neue Wind
In andre Richtung bringt.

Viele treiben
Wie Blatt und Schatten.

Fabel

Die Taube zur Eule:
„Wo fliegst du hin?"

„Nach Süden.
Den Leuten hier
Gefällt mein Heulen
Nicht."

„Ändere die Stimme!
Es mag sonst
Auch im Süden
Dich niemand leiden."

Gesetze

Vor dem Wind
Flieht die Wolke,

Vor dem Morgen
Die Nacht,

Vor der Wahrheit
Die Lüge,

Vor dem Neuen
Das Alte.

Unschuld

Staunend sieht das Kind,
Wie der Tag beginnt.

Gibt auf alles acht,
Was die Welt so macht.

Ist im Herzen rein.
Was wird morgen sein?

Vom Geben

Der Bauer
Gibt der Erde
Sein Korn.

Der Vater
Reicht dem Kinde
Sein Brot.

Der Meister
Lehrt den Schüler
Die Kunst.

Da alle geben,
Mehrt sich
Ihr Besitz.

Der Reporter

Wie oft ist er schon losgefahren,
Entdeckte viel in all den Jahren.
Er durfte diese Welt besehen,
Berichtete vom Sportgeschehen.

Um alles hautnah zu erleben,
Sah er einmal die Erde beben.
Weit über Meere, Kontinente
Flog er, bis hin zu seiner Rente.

Das spannende Reporterleben
Hat manchen Einblick ihm gegeben.
Zu Hause nach den wilden Jahren,
Schreibt er jetzt seine Memoiren.

Lob des Radios

Heute ist Welt-Radiotag.
Dieses Datum ich sehr mag.

So ein Medium brauchen wir.
Es ist Lebenselixier.

Über sanfte Ätherwellen
Kann man seinen Geist erhellen.

Mit Musik an allen Tagen
Schafft das Radio Wohlbehagen.

Rundfunk ist mein Favorit,
Da hält keine Glotze mit.

Berufsrisiko

Ein Journalist ging recherchieren.
Nach Prüfen von diversen Bieren
Kam er zurück auf allen Vieren.

Es gab *noch* eine Schattenseite.
Die Brauerei ging später pleite.

Aquarell

Durch
Gerahmtes Glas
Tasten
Meine Blicke.

Ruhen,
Wandern weiter,
Finden,
Suchen weiter -
Sehen.

Holzschnitt

Die Weiden
Strecken
Ihre kahlen Äste
In die Luft,
Starren mich an,
Mahnen.

Abgehauen
Wurdet ihr,
Hör ich.

An meiner Wand
Bleibt
Euer Bild.

Rembrandt

Selbst die dunklen
Farben leuchten.

Seine Leinwand,
Groß und breit,

Blickt auf uns
Und in die Ewigkeit.

Van Gogh

Der Maler hat sich schwer getan,
Kam mit den Bildern nicht voran.

Im Süden war sein Atelier.
Dort tat er einem Ohr sehr weh.

Er liebte Öl und seine Skizzen,
Blieb aber auf den meisten sitzen.

Die Farben sind noch heute hell.
Und leuchten in der ganzen Welt.

Die andere Hand

Was wir schreiben oder tragen
Seit den fernen Kindertagen,
Tun wir mit der rechten Hand,
Haben's anders nie gekannt.

Doch da gibt es auch noch welche,
Die ergreifen ihre Kelche
Mit der Linken vehement.
Es sind über zehn Prozent.

Präsidenten sind dabei.
Wir erlebten mehr als drei.*
Große Macht mit viel Gewicht,
Keine gute Hand verspricht.

* Reagan, Bush s., Clinton, Obama

Spiel der Könige

Einladung

Spiel mit mir 'ne Schachpartie!
Sie wird spannend wie noch nie,
Wenn wir mutig kombinieren
Und die Steine richtig führen.

Komm ans Brett und zier dich nicht!
Sonst bist du ein armer Wicht,
Der sich nicht zu kämpfen traut
Und nur eine Festung baut.

Zählst du zu den feigen Käuzen,
Die nicht gern die Klingen kreuzen,
Dann lass die Figuren sein,
Und ich spiel mit mir allein.

Denkwürdig

Schach ist ziemlich schwer,
Doch es gefällt mir sehr.
Die Vielfalt der Varianten
Erfasst man nur in Quanten.

Ich grüble immer lange,
Dem Gegner wird ganz bange.
Vor allem meine Springer,
Sie tun die tollsten Dinge.

Die Dame gibt ihr Leben,
Weil wir ein Matt anstreben.
Da wird nicht mehr geheuchelt,
Wenn man den König meuchelt.

Reiz des Schachs

Was ist an diesem Spiel so toll,
Dass viele es erlernen woll'n?

Man taucht in eine neue Welt,
Die einen ganz in Atem hält.

Wer Schach hat einmal ausprobiert,
Wird ganz schnell damit infiziert.

Fällt es dir plötzlich in den Schoß,
Kommst du so leicht nicht davon los.

Nur ein Spiel

Wir sitzen dort am Brett
Und spielen ein Turnier.
Die Uhr tickt gnadenlos.
Jemand sieht her zu mir.

Vom Nachbartisch fixiert mich
Eine sehr schöne Frau
Mit blondem Haar wie Seide
Und Augen himmelblau.

Ich kann den Blick nicht wenden
Von dieser zarten Fee,
Und werde noch verlieren,
Wenn ich zu *ihr* nur seh'.

Die Stellung ist sehr schwierig.
Wie komm ich da heraus?
Es hilft kein Läuferopfer,
Und bald schon ist es aus.

Mein Schachfreund tröstet mich.
Er sagt dabei nicht viel:
„Vergiss die Niederlage!
Es war doch nur ein Spiel."

Königsjagd

Auf einem Tisch, da stehen
Zwei hölzerne Armeen.
Sie fein zu dirigieren,
Das wollen wir probieren.

Die Infanteristen laufen
Den Gegner übern Haufen.
Derweil die Offiziere
Noch sitzen im Quartiere.

Die Schlacht, sie tobt recht lang,
Geht einen wilden Gang.
Der König will entfliehen,
Doch niemand lässt ihn ziehen.

Er möchte in das Eck
Und hofft auf ein Versteck.
Dort folgt sein bitteres Ende,
Und Weiß reibt sich die Hände.

Der Champion

Ganz oben auf der Bühne,
Thront er mit stolzer Miene.
Das Publikum sitzt still,
Versteht kaum, was er will.

Die Züge seh'n wir zwar,
Doch ist uns nicht ganz klar.
Was jetzt der Champion denkt,
Weil *er* die Steine lenkt.

Verloren schweift sein Blick,
Zum Gegner und zurück.
Wie wird es dem ergehen?
Das können wir bald sehen.

Es folgt ein schönes Matt,
Das er gezaubert hat.
So große Meisterschaft
Ist einfach fabelhaft.

Kieztreff

Schach verspricht Geselligkeit.
Das Lokal ist nicht sehr weit,
Wo Figuren wir bewegen
Und Kontakte eifrig pflegen.

Unsere Matt-Gedanken
Kennen keine Schranken.
Spielen macht uns Freude
Nicht nur hier und heute.

Leider kommt kein Nachwuchs her.
Junge Leute tun sich schwer.
Alte Hasen fragen sich,
Wie holt man sie an den Tisch?

Matriarchat

Die schwarze Königin regiert.
Sie tut es völlig ungeniert
Und hat dabei nur eins im Sinn:
Der weiße Feldherr darf nicht fliehn.

Sie will der Majestät ans Leben,
Das ist ihr finsteres Bestreben.
Zuletzt in einer dunklen Ecke
Bringt sie das Königlein zur Strecke.

Im Klub ertönt gedämpftes Raunen,
Weil alle Kiebitze nur staunen.

Der Turm

Fest steht er auf seinem Feld,
Blickt entspannt in unsre Welt.
Dieser schöne runde Stein
Wird alsbald sehr nützlich sein.

Erst Rochade, dann ein Schritt,
Schon mischt er im Spiele mit.
Sind die Linien auch noch frei,
Ist der Turm sehr gern dabei.

Dann kommt seine beste Zeit.
Längst ist er zum Sturm bereit
Und mit Kraft plus Zuversicht
Jede Festungsmauer bricht.

Teamgeist

Unsre lieben Schachfiguren
Sind nur arme Kreaturen,
Wenn sie bockig wie ein Kind
Sich beim Spiel nicht einig sind.

So ein Heer muss harmonieren,
Dann wird ihm nicht viel passieren.
Turm und Dame im Duett,
Machen dumme Fehler wett.

Läufer, Springer leisten viel.
Sie entscheiden oft ein Spiel.
Können sich erst dann entfalten,
Wenn sie fest zusammenhalten.

Schachgenie

Die Armee vertraut ihm blind
Auch wenn's Holzfiguren sind.
Selbst im bösen Feindesland
Lenkt er sie mit leichter Hand.

Wenn der Dirigent es will,
Bleibt das Schach-Orchester still.
Schöne, makellose Züge
Legte man ihm in die Wiege.

Sein Gefühl dafür ist fein,
Könnte gar nicht besser sein.
Wie er spielt, das ist ein Traum.
So kann es das Schachvolk kaum.

Endspiel

Dieses Stadium der Partie
Ist subtil, vergesst das nie.
Denkt bei jedem Schritt daran,
Was danach geschehen kann.

Wichtig ist jetzt jeder Zug.
Drum gebt acht und handelt klug.
Fehler, die am Schluss passieren,
Sind nicht mehr zu korrigieren.

Doch zum Trost sei euch gesagt,
Wer im Endspiel etwas wagt
Und die Bauern vorwärts bringt,
Meistens auch den Sieg erringt.

Abschied

Augen und Blicke

Ich bin kein tugendhafter Mann.
Zum Glück sieht es mir niemand an,
Wohin meine Gedanken schweben,
Wenn schöne Frauen mich umgeben.

Sie schenken mir kaum einen Blick,
Bekommen aber zwei zurück.
Die meisten schauen unbefangen,
Wissen mit mir nichts anzufangen.

Vorbei ist meine Jugendzeit,
Ich treibe in die Dunkelheit.
Doch seh ich eine junge Frau,
Wird grauer Himmel wieder blau.

Sie ahnt ja nicht, wie es mir geht.
Es ist doch eigentlich zu spät.
Nun, ich bin ein entzückter Mann,
Schau sie mit jungen Augen an.

Nymphensee

Die Fläche
Windgekräuselt,
Spiegelt
Baumgeäst und Wolken.

Es trinkt
Das Wasserbild
Vom Himmelslicht.

Ich laufe
Über Gras und Kiesel,
Setze mich
Auf eine Bank.

Höre Stimmen
In der Tiefe locken.

Das Ufer
Hält mich fest.

Teestunde

Im Kerzenlicht
Des Zimmers
Tanzen Bilder,
Bücherwände
Und Samowar.

Das Aroma
Des Getränks
Schärft
Unseren Blick.

Musik

Musik begleitete
Mein Leben,

Hat mir sehr oft
Viel Kraft gegeben.

Ihr schöner Klang
Hielt lebenslang.

Nun werd ich alt,
Der Ton verhallt.

Die Zeit

Schnell vergeht die Zeit.
Bis zum Abend
Ist es nicht mehr weit.

Schnell verfliegt die Zeit.
Bis zum Ende
Ist es nicht mehr weit.

Darum nimm dir Zeit,
Für die Liebe,
Die uns Mut verleiht.

Rondell

Ein gutes Wort
Am rechten Ort,
Es pflanzt sich fort
Am rechten Ort
Ein gutes Wort.

Deine Nähe

Nach Rosen am Morgen
Und des Tages Glut
Pflückt mir die Nacht
Dich vom Firmament.

Epilog

Wärme geben mir
Deine sanften Hände.
Streichelnd warten sie
Auf des Verses Ende.

Über dieses Buch

Der Berliner Autor veröffentlicht seinen ersten Lyrikband. Die Themen der Gedichte sind breit gefächert. Seine Verse regen zum Nachdenken über die Natur, die Jahreszeiten, das Leben und die Liebe an.

In einem speziellen Kapitel betrachtet der bekannte Schachreporter mit viel Humor die verschiedenen Facetten des königlichen Spiels.